AF366300

HERRAMIENTAS PARA NO PERDER LA CABEZA

CARLA BAUTISTA FERNÁNDEZ

HERRAMIENTAS PARA NO
PERDER LA CABEZA

EXLIBRIC
ANTEQUERA 2021

CARLA BAUTISTA FERNÁNDEZ

HERRAMIENTAS PARA NO PERDER LA CABEZA

AMANDO MI HUMANIDAD

1. Encara que sigui una

HIPPIE

I potser jo soc molt *hippie*,
però no veig inconvenient.
En els espais que comparteixo
m'agrada cuidar i gaudir el moment.
No trobo cap problema en això,
de fet, crec que amb el temps
és un aprenentatge que fem les persones.
Els temps que vivim son transitoris
i al igual que se'ns sumen els minuts a la nostra vida,
el medi també canvia
afectat per les altres persones que també el transiten.
Així doncs,
¿sóc molt *hippie* per voler ser constructiva?
¿per voler sentir-me bé i a gust?
¿per voler gaudir,
de l'instant que comparteixo i que construeixo
en cada nou moment?
No significa que negui foscors,
significa que el ara que comparteixo,
vull sentir-me partícip, respectada,
cuidada i acompanyada,
permetre'ns gaudir i jugar,
passar-nos-ho bé
i treure de la tarda
un bonic record..

2. ¿QUÉ ES EL TIEMPO?

¿Qué es el tiempo?,
me pregunto al caminar.
¿Qué es el tiempo?
Un proceso cuántico en realidad.
Nos enseñaron y hablaron de la linealidad,
de que los días transcurren de 24 en 24 horas.
Mas decidme, pues,
cómo puede ser que el tiempo pase
y aunque sumen los minutos, las horas, los días,
no me aclaro.
No me rijo por ese tempo.
Me siento errática y cuántica,
a días empoderada y poderosa,
a días en el piso y sin apenas voluntad.
Aunque me esfuerzo por ser lineal no lo consigo.
Mi corazón me marca otro ritmo sentido.
Pueda ser que a días me ofusque y no me levante,
pueda ser que a días mi paso parezca laborioso
o parezca más complicado de lo que en mis manos
estaba por sostener.
Paralizada parezco y me siento
desde mi escorpión más descentrado.
Desde fuera,
como buena humana,
solo estoy haciendo una pausa, para así,
abordar en mi paso mi próximo proceso.

3. CUANDO HABLAS DESDE EL CORAZÓN

Cuando hablas desde el corazón,
la mirada se te ilumina,
se prende
mientras prendes
a tu alrededor.
Animales,
personas,
todos lo sienten,
seres sintientes,
fuegos que se prenden
de ilusión,
cuando realmente prestas atención
a cada sílaba, cada vocal y consonante,
pareciendo hechizar con una canción.

4. NO AÚN

Un susurro
me envuelve
en esta que es mi realidad,
despejando mi mente,
rompiendo mi silencio.
Un susurro,
cada vez más cerca,
no necesito abrir los ojos
para verte.
«Espera», te digo antes de que me alcances.
«Dame un poco más de tiempo,
aún no me ha llegado la hora».

5. EL PAVO

Despliegas tu plumaje,
apacible, seguro,
sin miedo te muestras,
cargando todos tus colores,
orgulloso de todas las plumas
que forman tu conjunto.
Te acercas a mi lado
y despliegas
todo tu manto.
Me arropas,
risueño,
y amansas todos mis miedos.
Me fundo
contigo,
cierro los ojos
y duermo
en un profundo
sueño.

6. CRECES

Creces, pequeña,
creces un año más,
365 más vividos,
llevándote a la mochila
millones de nuevos momentos,
sumando prácticas,
besos, abrazos, caricias,
compañeras,
personas que te acompañan
mientras sigues creciendo.

Creces, pequeña,
sumas años caminando
por esta ruta que te construyes en tu día a día,
365 días al año.

Conforme la experiencia avanza,
concebido se convierte el camino:
te rebelas,
te revelas.
Tus decisiones te guían,
mientras tus pies caminan,
dejando rastro y huella
en tu entorno,
en los que lo habitan.

Decide,
arriésgate,
son muchos años,
los que dura esta ruta,
tantos como (te) permitas,
si es que quieres.

Creces, pequeña,
pero en tu voz tienes poder,
el de la palabra,
marcando compás y guía
en este camino que transitas.

Crece,
no olvides a qué viniste.
Crece y recuerda:
un día al año sumamos 365 días
al currículum de nuestras vidas.

Crece y vive, pequeña,
dulce cumpleaños.

7. QUÉ BONITO

Qué bonito eres,
te digo clavando mi pupila y la tuya.
Qué bonitos somos,
respondes con una sonrisa.
Bonita no es la persona,
potencialidades y sombras
guían sus caminos.
Bonito es lo que hemos construido,
forjado y cultivado
con respeto y admiración.
Con buenos ojos
contemplamos lo que es
esta compartida bifurcación.

8. EL DUENDE

Sabio duende,
entre matorrales aguardas
y observas
impaciente,
esperando la liberación,
el día en que puedas salir de tu escondite
y te vengas
a jugar conmigo
en cualquier escondrijo.

9. Cuando quería

Alguien
una vez me quiso.
Yo me dejé querer,
limitándome a ser lo que no era,
o, al menos,
una única parte de lo que sí era.
Nos absorbimos,
nos condenamos y sexualizamos,
nos engañamos,
queriéndonos
el uno para el otro,
olvidándonos
hasta del amor propio.

Cuando dejé de querer, el mundo cambió.
Desde entonces, el verbo me chirría,
y cual rosa en El principito,
me encuentro repitiendo el diálogo,
negándose a dejarme querer,
rehuyendo tal sentimiento de frustración.

Si algo me llevé,
fue el reconocer(me),
mi alrededor,
mi pulsión y decidir que debo llevarla yo,
aprendiendo a «desabsorber»,

amando,
sin transformar al otro,
aceptándonos
tal y como se es.

10. ESPÍRITU DEL BOSQUE

Espíritu del bosque,
escondido en algún tronco,
todo a tu alrededor concibes
conectado con tu entorno,
a la espera y con la oreja
bien atenta,
para reaccionar,
expiar,
liberar,
cuando consideres preciso,
a todo aquel
en el que presientas algo de mal.

11. Un año más

Un año más
las calles quedan desiertas,
el recinto ha quedado limpio,
los duendecillos del orden han hecho de las suyas,
recogiendo pancartas, sillas, mesas,
tierras y estructuras,
todas esas cosas
que al acabar la fiesta mayor,
a todo el mundo poco le importa.
En cinco días demasiadas realidades
vivieron en estas pobres calles.
Tantas historias por contar
quedan sepultadas
por la conocida individualidad.
Gracias, queridos duendecillos,
por vuestra labor ejercida
un año más,
todo un éxito.

12. DEBO ACORDARME

Debo acordarme de que el momento es ahora,
que cada día influye en mi mañana,
pues me dota y me suman
las experiencias.
Mas aunque sumen los días
en este que es mi cuerpo terrenal,
soy consciente,
consigo aceptar
que el tiempo es nuevo cada día,
que las rutinas son los patrones escogidos en el ayer,
que si pulso cualquier hecho
lo debo hacer,
desde dar lo mejor de mí,
desde mi completitud,
que es ahora.

13. RECUERDOS QUE SANAN

Me pongo a pensaros,
se dilatan mis pupilas,
seguridad y amor
inundan mi cuerpo,
rememorando
cada abrazo,
cada risa,
tantos años
que se van acumulando
en mochilas y espaldas,
que son las nuestras.
Me siento orgullosa,
tranquila,
acompañada,
por estas que son mis hermanas.
Hermosas comadres que me acompañan
incondicionalmente,
recordándome
que somos manada,
que el amor y la vida
se cuecen a fuego lento.
Y yo consigo comprender entonces
que la vida, que el amor,
emanan de estos vínculos
que generamos
desde nuestros plexos.

14. UN NUEVO CICLO (I)

Se acerca nuevo ciclo,
se avecina un nuevo comienzo.
Diviso próximos y desconocidos horizontes
mientras visiono nuevas e inciertas elecciones.
Impaciente por sentir,
obligo a mi cuerpo a vivir:
a ejercer y evadir.
Este, que es bien sabio,
me exige, me pide,
me suplica y replica
hasta que mi mente lo escucha
o, al menos, lo percibe.
Incesante ronroneo
que solo cesa cuando callas,
déjate escucharlo un rato,
olvídate de tus agallas.
Vivimos sin sentirnos
abnegados a someternos.
Pacientes los que se dejan
y, encima, ejercen
ritmos respetuosos
al cuerpo y a la psique.
Es esencial sentirte seguro
si lo que quieres
es construir sobre seguro.

15. MATANDO MI PARÁSITO

Noto en la mente un nudo,
no encuentro la raíz,
pero en el fondo lo intuyo.
Hay algo que me rechina
y esta vez es tan grande
que sola no puedo deshacerlo.
Con dulces palabras,
amansas mi víctima;
con lindas críticas,
contradices a mi juez,
y de un manotazo,
súbitamente,
destrozas mi muro de leyes.
A ti, que me acompañas,
a ti te agradezco la muerte de mi parásito.

16. ENRAÍZA A TU PASO

Enraíza a tu paso,
si no, de qué sirve esta vida
que transitas.
Enraíza a tu paso,
uniendo cada uno de los que des
para crear un paso consistente,
cual rizoma extendiéndose
a su alrededor,
cohabitando el entorno.
Enraíza a tu paso,
es entonces
cuando vives y convives
desde dentro.
Enraíza a tu paso
y que sea firme esa pisada,
para eso viniste, querida,
si no, qué haces.
¿Eres o no un humano sintiente?

17. LA VIDA ES UN CONTINUO

La vida es un continuo
y mientras hoy estoy aquí,
y nos gozamos,
y nos compartimos,
nos sentimos y disfrutamos.
Tal vez no estemos mañana,
pero eso qué importa.
Hoy conectamos y nos rebosamos
de curas, caricias, besos y abrazos.
La vida es un continuo,
y cuando ya no estemos juntos,
aún nos quedará
todo eso que vivimos,
que juntos construimos
y ahora forma parte de nosotros,
y es que si no, amor, ¿a qué vinimos?
La vida es un continuo,
por eso, cuando nos separemos,
recordaré cada parte de mí,
de la que soy,
gracias a ti,
y te añoraré y te extrañaré,
pero entonces me abrazaré,
igual que espero que tú lo hagas,
con el mismo amor que nos brindamos,
que nos merecemos.

La vida es un continuo,
por eso me suelto,
te suelto,
hasta que nos volvamos a cruzar
y nos volvamos a gozar.

18. MARIPOSA

Linda y bella mariposa,
tú que bates tus alas tan hermosa,
polinizando flores te desenvuelves,
construyendo lazos fuertes que unes.
Dichoso el entorno por el que te mueves,
dichosa la labor
que desinteresadamente promueves,
formas parte del eterno rizoma,
marcas en tu camino precedente,
amas libre y sin aferrarte,
pues sabes que nada de lo tuyo te pertenece.
Linda y bella mariposa,
espero que nunca le faltes al ecosistema.
Sin ti, quién polinizaría
todas esas flores
que restan a tu espera.

19. YO SOY

Yo soy muchas cosas,
estoy formada por muchas personas,
gente que transita y me acompaña,
me aconseja, escucha y ama;
a veces no me aman y soy querida,
es cuando Carla, ansiosa,
se queda parada y sale por patas.
Yo soy muchas Carlas,
y, cuando decido, lo estoy haciendo por todas ellas.
Tengo que ser consciente y consecuente
de haberlas manifestado para escuchar sus necesidades
y tenerlas en consideración,
pues cualquiera de ellas
se puede manifestar
en el momento de la acción.
Yo soy muchas Carlas
y, además, soy la suma de mi entorno transitado,
de mis pasos caminados,
de mis momentos compartidos.
Todas mis hermanas me acompañan
y me siento apoyada.
A días mi metrónomo es la música,
a días la poesía,
a días un pincel,
a días un silencio,
a días un abrazo.

Hay días de todo,
así como hay una Carla
para cada momento desde su conjunto.

20. ROMBOS

Rombos,
rombos por todas partes,
pequeños micromundos
que contactan entre ellos
continuos y sinérgicos,
y así consecutivamente
hasta que crean
uno más grande formado por todos ellos.
Y así se multiplican
desde sus multiplicidades,
cada rombo con su relleno
y en conjuntos,
nuevas formas,
creando nuevos conceptos y dibujos
que, por ellos solos,
a veces hasta carecen de sentido.
¿O sí?
O es que hay veces
que no es el momento
para concebir el relleno,
y entonces quedan constructos a medias
mientras se expanden desde otros horizontes
y los garabatos quedan inertes.
Rombos enteros,
rombos a medias,
rombos marcadores,

rombos sociales,
rombos constructores,
y obvio que destructores,
hasta rombos explosivos
que con tanta fuerza que tienen
al contacto con otros detonan.

21. DIOSA DEL VIENTO

Soplas
agitando el viento
a nuestro favor.
Con tu protección me siento segura,
«desplieguen las velas, vayamos juntas de aventuras».
A tu lado siento extraña firmeza,
te siento cable tierra.
Honrémonos, pues,
y que empiece esta que será
mi mera existencia.

22. HAN CAMBIADO LOS TIEMPOS

Ya no son las mismas ciudades,
los mismos caminantes,
la jungla parece haberse amansado
para unos,
mientras para otras,
el capitalismo es cuando está más despiadado.
Juicios y tabúes están transmutando,
lo conservador queda obsoleto,
la necesidad de compartir desde el pecho
empieza a ser derecho.
Quedan obsoletos juicios por las sombras,
malentendidos que quedaron trabados.
Es ahora el momento
en que empieza la nueva era,
nuestro momento.

23. MI SOMBRA

Hoy invito a cenar a mi sombra,
la alimento,
la observo,
le doy cobijo y la mimo.

Le agradezco
por estar,
por ser en mí,
por aparecer cuando la necesito,
por marcar también mi camino.

Hoy y siempre tendrás
un plato en mi mesa.

Hoy y siempre tendrás
un hueco para gritarles lo que sea.

Hoy y siempre te veré,
conviviremos y creceremos.
Si lo olvido,
con el tiempo podré volverte a acoger.
Gracias, sombra.

24. YO DE MÍ

Yo estoy orgullosa de mí,
lo he conseguido.
No es que sea supremacista,
o engreída y me sienta perfecta,
o una crack,
o sabia,
o madura, inteligente y fuerte.
Simplemente soy,
a ratos y sin juicios,
estoy cansada ya de valorizarme.
He aprendido a ser persona,
a reconocer mi límite,
a pedir ayuda,
a perdonar lo que me reconcome
para poder construir algo más saludable
que no me enferme
entre tan solo mi puñado de runas.
He abrazado mi humanidad,
mis años,
la niña que se sintió abandonada,
dolida, agredida.
He entendido que a mi alrededor
hay vida más que la mía,
tanto por construir
entre nosotros o por nosotros,
en cualquier espacio,

junto quién nos rodea.
Y, además, nadie tiene que ser perfecto,
dócil, simpático, moderado,
todas tenemos nuestras sombras
y, si juntas las abrazamos,
nos podremos poner en círculo
y bailar rodeando la hoguera.

25. HOY ME REGALO UNA FLOR

Hoy me regalo una flor,
una azul, llena de tristeza,
que abrazo y acojo
mientras la fundo conmigo.

Hoy me regalo una flor,
una naranja, llena de amor y calor,
que abrazo y acojo,
mientras la fundo conmigo.

Hoy me regalo una flor,
una roja, llena de ira,
para aprender a gritar
cuando lo necesite.

Hoy me regalo una flor,
esta es violeta,
llena de sororidad
y va acompañada de brotes
que luego permitirán agarrar
fuerzas e ilusión,
para poder expandirlos junto a mis compañeros
que son todos
los que habitan este mundo.

Hoy me regalo una flor,
esta es amarilla y llena de luz,
transmite poder, iluminación, amistad.
«Qué flor tan bonita»,
me digo mientras la contemplo.
Por suerte, estas no son las primeras flores
que me regalo.
Las pongo junto a las otras
en mi jardín,
donde las pueda oler cuando me falte algo.
Hasta entonces, paseo por él
para recordarme que no estoy sola.

26. ¿POR QUÉ?

A veces, no entendemos el porqué de las cosas,
cuando te falta información
sobre el exterior.

A veces, no entendemos el por qué de las emociones,
cuando no eres sincera y niegas desde tu farsa del yo
lo que son realidades dimensionales.

Una cosa es bien cierta:
cuando algo no conoces
siempre podrás encontrar
a buena gente a quien preguntar.

Eso sí, con las emociones es más difícil,
pues contigo honesta deberás ser,
cosa que cuesta mucho hacer.
Se puede hallar la respuesta de varias maneras:
una, tu historia debes conocer;
dos, de tus raíces, tus ancestros,
consciente deberás ser.

Si esa angustia en tu pecho reside,
te lo diré claro:
¡Es el sistema el que te cohíbe!

Es un ejercicio difícil,
duro y angustioso.

Tranqui, mata a tu parásito,
y déjate reconocer por un rato,
pues aunque sepas que fueras o te conocieras,
nuevo camino recorres,
ser transmutante.
Tu alma conoce los datos,
la intuición que te guía los pasos
que ya llevas tiempo canalizando.
Encontrarás largas historias,
astillas profanadoras,
por entender y comprender
en este cuerpecito tuyo
herido y traumado.
Todas estas deberás aprender a ajenizarlas,
dándoles el espacio que les toca
con la totalidad que abarcan,
la suya digo.
Pues este que es tu templo más sagrado
merece ser cuidado,
ser perdonado
y consciente de su poder.
Dejar ir para poder seguir
en esta vida
que encarnaste,
que estás viviendo
y te queda por vivir.
¿Por qué sufrir?

27. EL DESPERTAR

Boca sabor libertad,
mirada que desnuda,
beso camuflando,
ganas y deseo.
Sentir el despertar
cuando menos te lo esperas,
nacido de una amistad,
el deseo que latente se crea.
Linda amistad esta que compartimos,
dejémonos expandirnos
siempre al ritmo de cada una.
Descubrirnos
ahora que sale el instinto,
que fluya, desinhibido.
Dejemos transmutarnos y ansiar,
dejémonos ansiarnos y transmutar,
disfrutando de este contacto,
tan desconocido,
nuevos cuerpos por conocer,
nuevos templos que recorrer.
Esta linda ruta compartida,
el reconocernos compañeros,
descubrir a viejas personas
sin olvidar la base que nos une.
Sin necesitar más de lo que nos brindamos,
pues sabemos que no hay luna

que debamos entregarnos,
que excitarse es un placer,
al igual que el momento
en que uno decide cuándo amarse.
Como me gusta repetir(telo),
qué gran capacidad esta de sentir,
amar de corazón
a nuestro alrededor
y sin ningún miedo ni tapujo
invitarnos a fluir.

28. Pez contemplador

El pez contempla la flor
lleva días sin comer.
«¿Será comestible?», se pregunta
mientras saliva.
La flor apacible suplica: «No me arranques.
Compartamos el rato, si querés.
Comerme no podrás, pues soy venenosa y te matará.
Arrancarme mejor que tampoco,
no llegaré a dar fruto ni semilla
para este hábitat,
tal y como es mi función.
Ámame pues
y conozcamos la amistad,
su poder, el de amar».

29. ODA A LA INSPIRACIÓN

Oh, bella mía,
¿dónde estás cuando te busco?
Apareces cuando menos lo espero,
inundando mi mente de lírica y versos,
paseando, birreando,
proyectando mis inquietudes
y transformando(las) mientras se transmutan
en frases sueltas.
Despúes llego a casa,
siento vuestra estela,
pero por desgracia tarde es
para daros vida.

Hoy me cuesta encontrarte,
se ha acabado mi brujita.
La virgen se abre paso, empoderada.
Hoy no tiene miedo,
ni ya siente el vacío de lo que pudo haber creado,
pues hoy no engendra una nueva vida.
Son palabras las que salen,
verdades como catedrales,
frases que crean redes,
redes de emociones, de pensamientos,
compartidas, por tantas personas sentidas.
Quienes me acompañan y apoyan
me recuerdan que hoy no estoy sola.

Somos cientos, miles y millones de personas
las que empezamos a entendernos y acompañarnos,
esas que empatizan y crean
sin tener que estar más divididas.
Hoy formamos la resistencia,
invocando la fuerza,
el conocimiento, el amor,
la sororidad, la solidaridad,
la suerte o desgracia de haber aparecido
en este mundo envenenado.
Hoy estamos dispuestas a recuperar lo que es nuestro,
todo ese conocimiento que fue expropiado,
todas esas prácticas que fueron deslegitimadas.
Pues hoy nos ponemos en el centro,
y avanzamos devolviéndonos al pueblo
todo lo que nos fue arrebatado.

51

DOLIDA CON MI HUMANIDAD

30. VULNERABILIDAD

Para ser sincera,
hoy me siento pequeña.
La vulnerabilidad se acurrucó a mi vera,
se abrió paso en mi pecho y entró en mi cama.
Y a pesar de las negativas
de no querer compartir con ella,
se acostó a mi lado y me abrazó.
Me empieza a rodear,
a absorber una energía diferente,
oscura y marchita.
Lo que antes era luz en azul calma
hoy me parece fuego
ardiendo en el pecho.
En agua turbia putrefacta
la muerte muere despechada.
Estos días no puedo apartarla
(la vulnerabilidad),
todo me afecta diez veces más intenso
de lo que sería en otra jornada
o en aguas más tranquilas.
Es como que no puedo hablar,
creo estallar en llanto,
no puedo mirar(te) a los ojos,
se me inundarán y desbordarán después.
No puedo tocar(te), mi cuerpo no cesará de temblar.
No puedo pensar(te), se me anuda la boca del estómago

y contraataca
con contracciones estomacales
que me invitan a una primera arcada.
Hoy me siento pequeña,
me hago un ovillo
y me quedaré tranquila y aislada
hasta que esta emoción se transmute
y vuelva a estar en calma.

31. Aferrándose

Me descubro niña,
intentando golpear espejos de ilusión.
Mi pecado transversal: ¡maldita ingenuidad!

Qué harta estoy
de reencontrarme contigo,
esta opresión en el pecho
estancando deseos,
que pudre y corroe,
angustiando cada poro,
inhibiendo mis músculos
y mi sistema nervioso,
paralizándome y arrastrándome
hasta donde alcanza la realidad,
aunque no la quiera ver.
Sé sincera,
empieza por los cimientos,
conecta sin crear expectativas,
respira y comienza chupando tierra,
dejando a un lado mi egolatría,
y buscando construir en mi caminar.

32. GRITO

Grito,
grito y ahuyento
con todas mis fuerzas.
El ruido, los zeitbergs, las ondas y sintonías.
Todo parece detenerse.

Mi mente se expande,
penetrando en todo mi sistema,
recorriendo y descubriendo cada esquina,
sintiendo y pensando en cada hilo,
en esta red que nos envuelve a todas.

Grito y ahuyento
desde mi trabajo, la universidad,
la cocina, la calle,
desde mi cuarto.

Aunque grite, parece que esto no se mueve.
La gente, al menos, te escucha,
la lucha va al frente,
las mentes despiertan,
los parásitos, resignados, mueren
y abandonan los cuerpos.
Y entonces crecen los gritos,
la gente se descubre y salen todos a la calle:
empieza la edificación de un nuevo mundo.

En plena fase de construcción
abro los ojos.
Los gritos de mis vecinos discutiendo
revientan mis tímpanos.
Son las 4:30 y mañana madrugo.
Me pongo los tapones
y sigo durmiendo.

33. VUELVO A SENTIR

Vuelvo a sentir
como debajo de mis pies
todo tiembla,
advirtiéndome de que va a caer.

No siento un punto seguro,
creo que todo empieza a descender.
Ajenas se encuentran mis posibilidades,
estas de poder concebir.

Cabeza sobreestimulada,
voluntad sublevada,
camino prefabricado,
pasos dirigidos.

Esto no es lo que quiero,
no, lo siento.
Si mi camino no puedo decidir,
¡de nada me sirve existir!

El tiempo es relativo y traicionero,
camino largo y forzoso.
Humano ególatra construido,
por el medio en el que vive, limitado.

Vuelvo a sentir
como debajo de mis pies
todo tiembla.
Esta vez me doy cuenta de que no era real,
soy yo la que no puede parar de temblar.

Cual diagnosticada de TDAH
no puedo estar quieta,
dejando pasar la vida,
sublevada y mirando desde la cama.
¡No puedo centrarme
en este monitor social implementado!
¡Harta estoy de deber actuar
cual supuesta buena ciudadana!

Vuelvo a sentir como tiemblo.
Lo siento, debo perecer,
aguardar quieta,
ser paciente y esperar,
construir a mi alrededor,
crear a partir de un núcleo central:
yo, acompañada de aquellas
con quien realmente quiera germinar.

34. AUNQUE EL VIENTO SOPLE

Aunque el viento sople
y nos separe,
y te lleve a otros puertos,
a otras ciudades,
te lleve por otros caminos,
descubrir y tomar,
conocer y sembrar.

Aunque el viento sople,
sé que estás ahí.
Vives, prosigues.
Creas y cultivas
el producto latente
allá donde vayas,
soplando, débil o con fuerza,
atravesando millas y fronteras.

Aunque el viento sople
y te lleve con él,
y que los de arriba se atrevan
a encender el ventilador.
Qué ilusos, no saben qué han hecho.

Cual abeja con las flores,
ya habías absorbido todo nuestro polen,
el que tu gente cultivó.

Aunque no sea por propia voluntad,
corriste, volaste, emprendiste el camino.
Ahora es tu turno, querido compañero,
encárgate de que todo lo cultivado
se expanda, se esparza.
Crea esperanza, sigue luchando,
y que llegue a la otra punta del mundo,
para así, por fin, alzarnos
y revocar juntos
esta que es su ilusión.

35. SUPURANDO

Las palabras no me salen,
se me taponan en la tráquea
bloqueando todo mi sistema respiratorio,
acumulándose en la mente los vocablos,
incapaces de organizarse para la partida
hacia la ejecución.
Me siento niña, inexperta en comunicación.
Llevar la coraza todo el día asegura,
hasta que la que estalla es tu yo.
Maldigo el día en que mi inconsciente
bloqueó la tristeza y la frustración.
Cuándo entenderá que es humano
esto de sentir,
a veces incluso perdición.
Mas aunque lo veo,
lo identifico y me lo repito.
No me atrevo a afirmarlo en mi cabeza;
en vez de eso, huyo y proyecto
la tristeza en un nuevo poema.

36. CUANDO ME FALTO

Me veo y escribo,
retumbo, exploto, desbordo.
¿Soy estable? ¿Me siento preparada?
No sé qué necesito.
A ratos me ofusco,
formando corazas que parece que me abrazan,
cuando no me veo preparada para reclamar
un poco de cariño, de amor, de cable tierra,
lo que sea que sienta
que me conecta y me permite convivir.
Más es más. Hay días malos
en los que no consigo fuerza
para salir de la cama.
Otros días me detengo a mirar a mi alrededor.
Veo a mis amigos,
gente dispuesta a atenderte,
cuidarte, callarse y escucharte.
Me dan ese abrazo que tanto necesito
y me acunan poco a poco
hasta que viene el sueño,
acabándose ya el día.
Y es que hay algo que tengo claro:
a mí la poli no me cuida,
eso lo hacen mis amigas.

37. EL AMOR, EL AMOR

Qué respeto me da el amor,
el sentirse desnuda
y transparente,
abierta a las personas de tu alrededor.

Darse sin miedos,
sin contemplaciones,
sin importarte estúpidos
constructos limitantes
que te frenan y condicionan el amor.

El amor, el amor,
cuántos dolores de cabeza.
Miedo me da el darme con todo mi ser,
entregándome tuya,
sin posesiones otra vez.

El amor, el amor,
cuánto respeto da el amor.
Cuando llega, todo te invade.
Este sentimiento lindo y reconfortante,
dejarte compartir y absorber
insaciables sentimientos eternos y fluctuantes.

El amor, el amor.
Un día te das todo.

Al siguiente
se derroca la comunicación.

El amor, el amor,
preparado para esas personas que se aman,
para que puedan compartir
desde el amor propio
al amor desplazado alrededor.

El amor, el amor
¡Qué lindo es!
¡Qué bien sienta!
Amar libre y respetuoso.

El amor, el amor,
qué gran verga a ratos,
a momentos te sentís llena,
a momentos envenena.

El amor, el amor.
Hoy no quiero saber nada,
pues en nada me siento yo.
Desconectaré un rato,
me escucharé,
pues sé que el amor que necesito hoy
me lo tengo que dar yo.

38. CUANDO EL INCONSCIENTE LLORA

Declaración de huelga de vientre

Mi cuerpo llora, pero las lágrimas no me salen.
Lo leo triste, decepcionado,
y yo, en verdad, aunque sea sin motivo,
ya sé por qué es.
Otro mes más.
Un nuevo humano no ha sido sembrado,
como si de un logro se tratase
engendrar en cualquier lado.
Mi mente se reafirma en su posición.
¡Si al menos pensase en concebir!
Mi cuerpo llora y abro los canales,
le duele desechar los restantes.
Lágrimas como raudales descienden por mis mejillas.
Lloro por ese humano que, aunque no quiera que venga,
pudo haber sido.
Acepto esta tristeza y mi mente consola a mi cuerpo:
«Debes entender, debes comprender».
Lloro y me reafirmo.
Muchos meses me quedarán
por apaciguar estas emociones.
Si esta mierda de sociedad no decide mejorar,
como mujer no engendraré a alguien más.

39. EL CLIC DE OÍDOS SORDOS

Mucho puedes saber
sobre conocimiento compartido
que si con quien hablas
no está dispuesto a escuchar,
de nada te va a servir dialogar,
emplear vocablos
o tener un buen decir.
Cuando alguien está dispuesto a escuchar,
tu discurso sin preguntar atenderá.
Hay tantos tabúes
que en cuanto los pronuncies,
a tu alrededor toda veracidad perderás.

¿Cuánto estás dispuesta a luchar
para hacerte escuchar
o atreverte tu entorno a cambiar?
¿Es que luchar y gritar sirve de algo?
Si tus iguales te miran y juzgan,
si cuando dices te estigmatizan
como una loca más
que no sabe lo que quiere.
Ya me cansé de toda pedagogía
al clic de oídos sordos:
ve donde seas necesaria,
donde puedas ser constructiva;
si no, el discurso pierde contenido,

no por ti, amiga,
sino por intrépidos y construidos oídos.

40. QUIEN SE DEDICA A BANALIZAR

Hay gente que no sabe lo que dice,
banaliza las palabras
sin dotar sus conversaciones de significado o cuidado.
Hablando mucho diciendo nada.
Perdiendo el tiempo en falsas palabras.
Tiempo que en algún momento les llegará a faltar,
y se arrepentirán algunos de antes malgastar.
Yo los entiendo, los comprendo y lo acepto.
No digo que sea necesario debatir todo el día,
o hablar de lo sustancial de nuestras vidas,
nuestros sentires más profundos,
simplemente compartir desde el satori de la situación.
Yo hablo de mentir, de engañar,
fustigar, juzgar, infravalorar,
a ti, a tus compañeros,
poner palabras en bocas ajenas,
suponer realidades que nunca han sido
ni serán creadas como castillos en el aire,
sin base firme,
y malgastar tu tiempo y el de los demás,
vendiéndote cual producto,
por no atreverte a ser sincera.
¿Qué quieres? ¿Qué necesitas?
A tu alcance está alcanzarlo.

Por eso les pido,
yo también,
que me entiendan y respeten,
cuando hablo sin pelos en la lengua, en plata,
cuando prefiero perderme en mis reflexiones,
ajena a momentos que podría compartir
con mis cohabitantes.
Pues siento la mortalidad de mi vida,
que no me dará tiempo de cumplir,
de sembrar, de cultivar y plasmar
todas esas semillas en mi mente y en mi ser.
Que al acabar una tarea,
abordan mi mente nuevos quehaceres
y que antes de perder mi tiempo
en engañarme en un sitio
que no quiero estar
o mentirme negándome a esas realidades
que no quiero aceptar,
prefiero crear, explorar, descubrir y construir.
Pues aunque no todas me gustan,
son realidades compartidas, cuánticas,
que seguirás siendo.
Así que no quieras robarme mi energía
y pongámonos de acuerdo
en cómo compartir desde nuestra esencia.

41. OJOS

Hay gente que le encanta juzgar un par de ojos:
estos son bonitos, estos no;
me gustan verdes, el marrón es muy ordinario.
¡Ja!, me río de ellos.
Parece que no entiendan el misterio de estos,
pues son el reflejo del alma y de las emociones.
Transparentes te delatan,
muy profesional debes ser
para no dejarte ver a su través.
Si indagas en su interior,
puedes descubrir infinidad de cosas,
experiencias que nunca viviste.
Tantas como realidades compartidas,
como la de cada una de las persones vividas.
Peligrosos, no tienen filtro.
Por eso es que considero importante no juzgarlos.
Escucharlos desde la empatía,
abrazarlos cómplice, no delatarlos.
Más bien acompañarlos
y gozarlos mientras me gozo,
y conseguimos construir algo bonito.

42. Estrechando vínculos

El vínculo se estrecha.
Realidades paralelas
caminan en la misma dirección,
aunque nunca alcanzan unión.

Mejor mantenerse firme,
no confundir la trayectoria.
Poder observarte,
aunque sea en la lejanía,
sin sentir tu desnudez.
o tu hedonía.
Pensándolo bien, no te sienta tan mal el traje.
Hasta te hace bonito,
si te asegura el ir tranquilo.

Si prefieres ir vestido,
no soy quién para cuestionarte.
Entenderás, espero, que me ponga la chaqueta.
Parece que está cambiando la estación,
el calor ha acabado.
Será mejor arroparse y prevenir un resfriado.

43. Este frío sin ti

Jo, amor,
¿qué es este frío que siento?
¿Que me tumbo y no te noto,
no siento tu calor?
Siento que ardo por ti,
ardería por ti toda esta vida
y lo necesario de alguna otra.
¿O es que acaso ya lo hice en otra,
y es ahora que me vuelve la memoria?
No, amor,
hoy no siento calor que me abrace,
que me acune, que me calme.
Hoy sí quiero calor,
me lo voy a tener que proporcionar yo.
Qué fácil es decirlo,
pues sé que volveré a tumbarme,
a perderme en mi mente,
mientras tú, alienado,
vives despreocupado,
acechando mi regreso
sin más dilación que el reencuentro.
Lo siento, amor,
yo no soy tan fuerte.
No sé tampoco si tú lo eres,
no encuentro aún, amor,
la putera solución de esta

que está siendo complicadísima ecuación.
Quién soy yo para llegar, marear
y cambiar eso que naturalmente se posó
en un espacio en el que decidí
que no podía ser donde debía estar yo.

44. IDENTIDADES

Hay una Carla
que ríe entusiasta,
concibe y acompaña,
y a todos encanta,
pues su amor propio
a veces incluso ciega.
Hay otra temerosa e insegura,
a la que se le hace algo bola
en la garganta.
Con su fuerza y poder lo desprende,
empapando su alrededor
con esa sensación deprimente.
Carla uno es optimista y constructiva;
la dos es antagónica,
solo con su paso marchita.
La uno es una sabia sujeta,
que hasta en resoluciones de conflictos anda suelta.
A ratos, una, cansada de dar la cara,
necesita dar largos descansos,
se manifiesta nuevamente,
después de no haberla evocado en toda la jornada.
Si la ansiedad se apodera del pecho,
dos empieza a construir todas esas cosas
que después derrocará.
Castillos de aire se empiezan a dibujar
en el cielo azul, todas esas cosas

que siempre quise soñar.
Después, harta de contemplar sin poder agarrar,
me dispongo a penetrar.
Qué gran frustración siente mi cuerpo,
no llegar a sentir lo que desde mi recuerdo
pude prácticamente concebir.
Pongo la sala patas arriba,
flacos de pelo caen por el suelo,
en mi mente una locomotora emerge,
dos entra en escena.
Es entonces cuando tengo que reconocer el vagón,
ese que parece incomunicado,
conseguir desprenderlo del nudo, dejar ir
para poder agarrar un ritmo más tranquilo.
¡No la evoques! ¡Déjala fluir!
Dos anda suelta, llevo mucho tiempo sin dejarla sentir,
que se enloquezca, que ría, que llore,
que golpee, que grite.
Déjala salir como más lo sienta.
Uno sigue cansada de dar la cara,
está sin fuerzas, queriendo dormir
en el invierno de la marmota.
Dos se deja ir, entonces,
uno solo le ha dejado un límite:
«No dañes a nadie».

45. (CON)TIGO

Sin saber cómo gestionarlo,
te extraño.
Los días pasan rápido,
las semanas acontecen nerviosas, ansiosas,
con ganas frenéticas de correr.
Quiero parecer fuerte, pero sé que no lo soy.
Los días van pasando
y a mí se me hace muy difícil
el no estar a tu lado.
Me duele la distancia,
me duele tu ausencia,
mi cuerpo supura abstinencia del tuyo.
Los días siguen pasando
y yo ansío nuestro reencuentro,
el querer vivir contigo,
compartir contigo,
construir contigo.
No me apetece ningún tigo
que no tenga que ver con un con.

46. POPULIZAR LA PSICOLOGÍA

Aunque no sea licenciada,
no creo en el sistema,
pues no hay alguien únicamente que pueda acompañar.
Qué cazurrería lleva la peña
en solo mostrarse a las personas que conocen
esa colonidad del saber.
Otras son las personas que confían y perciben
la sensibilidad de determinadas personas,
que son fieles y sinceras
a las relaciones constructivas concebidas,
personas compasivas que comparten desde el amor
y nos ven a todas como si fuéramos recién nacidas
y estuviéramos amamantándolo, el amor.
Así pues, consigamos que la psicología
sea un saber cultural, la base de los cuidados,
entre unos y otros,
interseccionalmente,
y dejándonos de distinciones.
Entendamos y respetemos
esta linda humanidad
que latente está en nuestros pechos.

47. QUÉ PESADOS LOS HUMANOS

Al final, los humanos
somos los únicos que nos inhibimos,
limitando así nuestro próspero desarrollo.
Antes tendía a ser producto del instinto evolutivo,
ahora es consecuencia del egoísmo
y la avaricia del que como capitalista educado ha sido.
Esta, que era nuestra suerte para sobrevivir,
poco a poco nos corrompe,
invitando a nuestra raza a autodestruir(se).
¡Aún hay tiempo, joder! ¡Joder!
Si ellos están ciegos,
conseguiremos hacerles ver.

48. Erupción volcánica

Me inunda en el pecho
un sentimiento que apenas reconozco.
La irascibilidad brota de mi garganta
después de que sea la ansiedad
profanadora del que es mi pecho.
Nace en mí una Carla desorientada
que ante la incoherencia arrasa.
Derroca con cada movimiento
derruyendo cualquier argumento
o tema de conversación,
mientras grita asustada, agresiva e impotente.
Apuñala inconsciente.
No sale, no conozco,
no sé cómo amansarla.
Lejos de querer hacer daño,
lo genero,
me convierto en una agresora
que a todos controla.
Lejos de querer sodomizar,
ejerzo coerción.
Qué idiota me siento
por someter a esa sensación
cuando en el fondo
es impotencia y mala comunicación.

81

OBSERVANDO MI HUMANIDAD

49. Brotes intermitentes

Nacen en mí
brotes de conocimiento,
salvajes e inconexos,
aparecen cuando menos lo espero.
Brotando a borbotones,
intento cultivarlos, los riego.
No llego a todos,
algunos tendré que cosecharlos luego.

50. SUCEDIDO DE ÁMBAR

Hoy tengo ganas de explicar un sucedido,
recordando el legado de Galeano.
En el libro de las preguntas
Neruda cuenta que el ámbar
almacena las lágrimas de las sirenas.
¡Qué boludo! ¡Se equivocó!
Si este es sangre de árbol
que proviene del bosque,
donde no hay ni rastro de las sirenas.
No son lágrimas de ellas, ¡sino de hadas!
Un día mi madre se compró unos pendientes de ámbar.
Se ve que cuando se los ponía,
al instante entristecía.
Al día siguiente, fui a ver al de la tienda.
Me explicó que eran del hada Malía,
quien murió de pena,
mientras humanos arrasaban su bosque.
Los animales, para siempre recordarla,
recogieron sus lágrimas en ámbar antes de emigrar.
Lo llevaron a una ermita
donde más tarde un herrero lo encontró.
Pasados muchos años,
este preparó unas monturas
y en la siguiente demanda
se encaminaron hacia Barna.
Acabaron en una paradita,

donde las compró mi mamá.
«Ahora, querida, ya conoces el porqué de esa emoción.
Algo de Malía vive aún en los pendientes»,
contaba el sucedido,
y sucedido pues,
una parte de ella pudo ser eterna.

51. ENERGÍA

Energía desprendida,
energía percibida,
sentida, compartida,
al tocar, al besar,
al conectar.
Energía transmitida,
energía coconstruida.

Hermana,
cuando sientas que no puedes,
no hace falta que te agobies,
no tienes por qué responder ante nadie
ni mucho menos.
Céntrate en escucharte,
tú sola, si te sientes con fuerzas;
acompañada, si es que estas te faltan.
En tus manos tienes el poder de la palabra,
tu decidirás en qué la inviertes,
con qué energía la desprendes.
No te exijas,
lo que necesitas es recargar.

52. MEDUSA

Medusa fluctuante,
tú que transitas errante.
Tu casa es el mar,
que no te pone límites.
Tenés todas las puertas abiertas
para continuar y expandirte.

53. UN NUEVO CICLO (II)

Un nuevo ciclo se abre paso por mis piernas,
tiñendo de rojo mis bragas.
¡Abran paso a la roja dama!
Nuevo inicio latente en mis manos,
otro más, cerrado, acabado y archivado.
Un nuevo mes asoma la nariz.
Analizando todas las contemplaciones,
desde las que aparecieron
a las que puedan estar por venir.
Nuevos retos esperan impacientes:
en mi cabeza, inertes,
y en mis ovarios, latentes.

54. CIUDAD SUMERGIDA

Esta ciudad bajo el agua
no me deja sentir el exterior.
Nos tiene a todas sumergidas,
mientras vivimos cada una
en su burbuja de oxígeno.
Aterroriza pinchar la burbuja,
salir a tomar aire.
Nos vendieron que fuera
no hay más que una única isla,
retrógrada, inhabitada, vacía y aislada,
lejos de la globalización o supuesta «evolución»,
sin tecnologías o medios de comunicación.
Dicen que en el exterior los animales viven libres,
sin necesitar ni tan solo un dios.
Los pájaros vuelan surcando los cielos,
sin muros ni fronteras,
pues si algo queda libre,
son los cielos y sus corrientes.

55. CONVERSACIÓN MENTE-CUERPO

Cuando todo es oscuro
y parece estar perdido,
mi mente no calla.
Incansable, me baila
y me canta:
«Espabila, tía,
lo único que estás perdiendo
es tiempo».
Mi cuerpo, pesado, agotado,
maltrecho y maltratado,
sin apenas fuerza suplica:
«Dame un respiro,
esta última necesitaré transmutarla,
esta necesita ser bien digerida».

56. ¿QUÉ ES MÍO?

Nada es mío.
Soy todo lo que otras pensaron
antes de que hubiese llegado.
Soy la suma de todos los momentos
compartidos en mi vida.
Soy mezcla del cariño y ternura
con que me educó mi familia.
Soy mezcla de heridas de los juicios
y las relaciones tóxicas de las que he aprendido.
Soy mezcla del amor que otras personas
me ofrecieron y me enseñaron a generar.
¿Qué es lo que es mío?
¿Un objeto que alguien fabricó?
¿Una pieza construida con material
expropiado de la naturaleza?
¿El espacio en el que transito temporalmente?
¿Qué es mío?
Nada más que este instante
que estoy compartiendo
hasta que luego
pertenezca a mi yo del pasado.

57. Una rosa que balla

Una rosa que balla,
es mou
al ritme del vent.
Elegant,
la rosa rosa.
Potser no duri gaires dies,
ja portes dos i en dures
tres.
Però ara
galant,
et mous
sense pensar
en res més.
Mostrant-se com si fos inmortal,
Ara que aquí la puc observar,
que poc tímida se'm mostra,
amb els seus moviments,
jo la gaudeixo,
ja que avui tinc l'honor
de veure
a la rosa rosa
ballar.

58. POSMASTURBACIÓN

Justo estaba masturbándome,
cuando una idea me ha venido a la mente:
¿qué compañero estaría dispuesto a compartir
este que es mi gran momento?
¿Sentir cada espasmo, cada respuesta,
acariciando entero a mi Yoni,
mientras mi órgano despierta?
Todo un proceso que creo
necesitaría otro poema para explicar
dicho despertar.
Quisiera saber,
mi amada compañía transitoria,
participante serías,
compartiendo tu cuerpo, ¿en este momento?
Penétrame, mi gran órgano hinchado
que protege mi uretra,
erecto también para dar placer,
invitándome al orgasmo esta noche,
como tengo practicado,
siguiendo y marcándote mi ritmo,
que por suerte bien conozco,
acompañando de todas las caricias
que, por favor, no sabes cuánto
me gustan y me excitan.
Mi orgasmo puede ser uno o varios.
Ya lo sabes, amado, recuerdas mi cuerpo

y tienes su huella,
así como tengo la tuya.
Acompáñame en este evento
en el que el falo queda como plus
y mi gran y hermoso clítoris
irradia tremenda luz.
Pon hoy mi placer en el centro,
ahora, en este momento.

59. LEO MIS POEMAS

Leo mis poemas y me paro a pensar
en todo este recorrido
que he logrado transitar.
Me sorprende verme tras tantas gestiones,
volviendo a sentir
lo que proyecté en cada poema.
Se me remueven las entrañas
y no logro controlar la emoción generada
tras contemplar cada palabra
y cada realidad plasmada.
Me enorgullezco de mi persona,
que se cansó de juzgarse,
y que ahora se perdona
y avanza tranquila,
intentando aprovechar e invertir
en algo de provecho en su vida.

60. Las formas que veo en ti

Las formas que veo en ti:
a ratos, parece un aura;
a ratos, simbología ancestral;
a ratos, círculos negros
que te abrazan.
Pero cuando desconecto
mi glándula pineal
y te observo desde mis ojos,
es esa luz blanca que desprendes
la que te ilumina,
rodeándote,
la que me embelesa
y vuelve a dejar volar
mi glándula pineal.

61. LUNITA BONITA

Me gusta contemplarte:
medio llena, medio vacía,
entera o cuando no estás.
Así creciente es cuando más linda te me ves,
rebosante de energía,
desprendiendo esa aura purificadora.
Cual cuarzo blanco o amatista
eliminas todas las impurezas que incomodan,
dejando esa serenidad que te absorbe
mientras te contemplo.

62. CONTEMPLO LAS NUBES

Diviso mil formas,
todas cambiantes,
todas diferentes.
Fluctúan en el cielo
mientras anclada a la tierra
las contemplo.

Eternas variantes en el tiempo,
distintas en esencia,
rápidas corredoras de corrientes
surcadoras de cielos.

Ahora disueltas por el viento,
aún os observo.
Qué sano contemplaros meditativamente.
Qué placer siente mi mente en blanco
cuando puedo veros.

63. IDEAS FUGACES

Ideas fugaces se van.
Efímeras se rompen.
Insolentes se parten
antes de ni tan siquiera poder terminar
lo que se estaba empezando a asomar.
Duele, pero aprendemos
que si barnizamos,
reforzamos y empoderamos
los recursos primarios,
estos perduran.
Eso es lo que ha hecho el humano.
Eso es lo que a día de hoy nos habían legado.

64. FORMAS

Formo formas sin formar nada.
La mente ausente busca elevarse
e irse lejos, a cualquier otra parte.
Yo mientras, intentando razonar conmigo,
me pregunto:
«¿Aquí? ¿Qué hago? ¿Para qué construyo?».
Un susurro me dice:
«No creas formas para construir
nada externo a ti.
Sucumbes inconscientemente
a la catarsis a la que te sometes,
mientras formas formas
sin formar nada».

65. SÍ SOY

Soy muchas.
Soy mi totalidad y mi parcialidad.
Soy bruja y reikista,
fan de los oráculos.
Soy plural y multifacética,
a días vengo volando y a días me vengo arrastrando.
Soy luz y sombra.
Soy cuántica y no me gusta lo lineal.
Soy mía y soy con quien me comparto.
Soy mi familia, mis amigas.
Empática y desvergonzada.
A veces, risueña y a veces, llorona.
Soy muchas y todas forman parte de mí.
Soy amiga y confidente.
Psicóloga por homologación,
pero sobre todo de vocación.
Soy evasiva cuando no puedo gestionar
o sostener mi realidad.
Soy explosiva y me encanta el deporte.
Soy creativa y me la paso canalizando poemas,
pues cuando necesito comunicar algo
de buenas a primeras,
mi lápiz es mi arma para transmutar
todo aquello que me pulsa, me ruge y me afecta.
Soy un cuerpo afectado por la multiplicidad de mi entorno,
un viento liviano que pasa elegante.

Soy a quien no le importa la ropa.
Me gusta vestirme de los trazos
que reciclo de mis amigas,
y si no existiesen miradas lascivas,
sería la primera en ir desnuda.
Soy primavera, verano, otoño, invierno,
estaciones que van cuánticas y cantando y bailando.
Soy movimiento puro y sinérgico.
como corriente fluctúo,
como flor habito,
con amor comparto.

66. TE DESEO

Te deseo
que nunca te falte luz,
o cerillas,
si es que te cubre la sombra
y precisas un chute de amor
para alejarte de las bajas frecuencias.
Te deseo que nunca me pienses con dolor.
Lo nuestro fue tan hermoso
que es una pena perturbarlo.
Te deseo que nunca me exijas
desde la dependencia,
pues eres una persona hermosa,
autónoma, sabia y diosa,
capaz de compartir desde tu esencia más pura,
servidora y compañera,
dueña de tus decisiones
y servidora de tu sueño,
desde el cual, cuando compartes,
irradias tanto al gozarte.
Te deseo alineada contigo,
con todos tus signos, planetas y casas,
que puedas no estar feliz,
pero que desde la conocedora caminante,
ames todo lo que estás haciendo.
Además, y ya desde mi yo más profundo,
ansío que tengas fuerza,

que estés preparada,
para dejar ir cuando lo necesites,
para dejarme ir si lo sientes necesario.
Yo estaré aquí, desde mi realidad,
intencionándote con fuerza,
enviándote todo mi amor.

67. Dejar ir

Dejar ir es un proceso complicado,
la necesidad de abortar es una realidad.
No hay nada más hermoso en este mundo
que concebir.
Pero cuando concebir es una obligación,
no siempre se puede acompañar de manera adecuada.
Por eso, puesto que no es mi momento,
te dejo ir.
No es el momento.
Ansío el día
en que pueda traer al mundo nuevas vidas
y sentirme suficiente cómoda
como para concebirlas en un entorno.
Pero sé que para acompañar adecuadamente
ciertos recursos son indispensables.
Ahora, en este momento,
no dispongo de susodichos.
Es por eso que lo único que puedo hacer
es darme amor y dejar ir.

68. Piques en primera infancia

Las infraestructuras las compartimos,
son para todas las criaturas.
Hay límites, pues estás compartiendo el espacio.
El juego lo podemos decidir,
tenemos derecho a no compartirlo.
El material, una vez acabado, se recoge,
no empiezas a jugar a otra cosa
hasta que esté guardado para que otra pueda tomarlo.
Si te molestan, lo expresas con palabras.
Decí que no te gusta, encuentra la manera de que sepa
que te genera malestar lo que a ti te ansía e inquieta.
El compartir no es conocido,
puros impulsos inundan los sentidos.
¡El o la que llega antes se lleva el material,
pero no te preocupes que aún quedan más!
No interfieras en el juego.
Ellos son los protagonistas de su vida
y están descubriendo lo que sí quieren.
Atiende y observa,
verás los conflictos, las necesidades,
expuestas por criaturas vivaces y tiernas.
Ahora tú, como acompañante,
te enterneces y floreces.

69. REFLEXIÓN VS. POESÍA

Una reflexión es mínimo una reafirmación.
Tu mente amueblas,
mientras a tu cuerpo sublevas;
creas dogma en tu vida,
esa que vives en cada momento.
Anotas verdad para que quede imperdible
ante la posteridad que la humanidad
sabe ya valorar.
La poesía es más relativa,
no necesitas estructura;
un poema no tiene apenas reglas.
Libre eres, pues, de concebirlo.
Una vez está parido el hijo,
debes dejarlo volar
para que sea con los que lo lean.
Tú lo creaste, pero es parte ya de otra vida,
en su momento concebida.
Cuando está terminado, amado primogénito,
es abandonado en este suburbio
para que lo manoseen y lo lean
otros seres con los que compartimos
la misma tierra.
Las reflexiones son más completas,
solo que el objetivo lo tienen claro.
A mí, por eso, lo que me gusta
es divagar entre poemas.

70. LEO

Leo poemarios, escritos y novelas;
leo a mujeres, a hombres,
a renacentistas o a revolucionarios,
incluso a habitantes de la Edad Moderna;
leo a románticos, a naturalistas;
leo a seres que colectaron sus frutos,
sabor atemporal, dulce, amargo,
aterrorizado, depresivo,
excitante, esperanzador,
apaleados e incluso vencidos.
Todo parece estar escrito,
producto de experiencias
que en su día se vivieron,
y ahora pasaron a ser
conocimiento compartido.
Alcanzables se asoman
las posibilidades de conocer,
desde ojos desconocidos y ajenos,
experiencias, conversaciones,
sentimientos y emociones.
Conexiones, reflexiones y vivencias
inundan nuestras mentes,
solo con el poder de un cacho de papel,
inerte e impasible,
logrando la fusión en uno,
distinguiendo claramente,

los diferentes componentes.
Novelista, poeta o escritor,
puedes perecer en paz.
Tus frutos ya son inmortales;
de hecho, inmortalizaste todo aquello
que una vez fue un sucedido más.

71. ME LEO

Alguna vez,
después de haberme leído,
me escribo con ganas
de plasmar,
de arrancarme de la piel,
expresiones y versos frustrados
por la incapacidad
de no poder mostrarse por sí solos,
de lograr transmitir
todo lo que quiero compartir.
Con ansia y nervios
desde esta que es mente ajetreada
releo lo que siento
una y otra vez,
buscando el porqué,
algo que me explique el fin.
¿Por qué escribo?
¿Qué supuran estos frutos míos?
¿Qué sabor detonan tras cada mordisco?
¿Dulce? ¿Amargo?
¿Es que acaso son insípidos?
A borbotones surgen por necesidad,
sin objetivo concreto detonan,
después de mi cuerpo entrar en catarsis,
pariéndolos, desde mis entrañas, concebidos al mundo.
Sin objetivo, mis poemas no tienen ninguno

en un primer instante.
Suficiente labor el sintetizar
de mi momento emocional.
Los conservaré para aclarar
y poco a poco guiar el cuerpo en el que habito.
No decidiré su camino ni interpretación,
después de traerlos al mundo,
ellos deben ser sus únicos dueños.
Debo dejarlos ir, libres,
pues solo ellos se construirán su camino.

72. INVITACIÓN A EMERGER

Las personas no podemos ya escoger
el camino que recorrieron nuestros pasos.
Lejos está, pues,
la opción de jugarme por el pasado.
Invitémonos a compartir
y mostrar nuestras facetas,
incluyéndolas a todas,
hasta las que no sean tan buenas
y, obvio, siempre acompañándolas.
Si cuando compartimos el discurso
construimos sobre nosotros,
nada ni nadie podrá invadir, penetrar o usurpar,
lo que serán los espacios
que poco a poco conseguimos germinar.
Cada pequeña acción o reacción,
cada aportación o destrucción,
creencias viejas perecer,
nuevas creencias florecer,
creencias viejas que,
aunque no hayamos querido escoger,
dispuestos estaremos a arrancarlas
y preparar un nuevo emerger.

73. CRECER

Siento mi alrededor como un campo
lleno de flores lindas germinando,
ansiosas por mostrarse abiertas,
por generar el polen
que pueden proporcionarnos,
por cumplir su función,
esa que les vale la vida.
Esperando, ansiosas por saber,
cómo debe ser el contacto de aquel insecto
con su polvo,
ese que genera(mos) con mil semillas,
y ver como estas se expanden
por mil rincones en los que germinarán.
Pero aún no, pequeñas,
falta mucho por crecer.
Esperad tranquilas, mientras cultiváis
cada uno de vuestros pétalos.
Mostradlos y mostraos cuando os sintáis preparadas.
Queda tiempo por recorrer.
¿Cómo irán las plantas de la siguiente plantación?

74. HAY DÍAS

Últimamente me cuesta conciliar la calma,
mi mente está llena de ideas desestructuradas,
abordada constantemente
por un flujo frenético de imágenes
que van y vienen.
Siento que se va el tiempo,
escurriéndose entre mis manos,
mientras asisto a reuniones, programaciones,
clases y al trabajo.
Tantas cosas por hacer…
Qué momento, nacer en la ciudad,
hipotecándome la vida,
presa de este sistema que a todas nos atraviesa,
con normas sociales, opresoras y limitantes.
Estilos de vida antipersona,
atentan directamente
contra la naturaleza humana.
Moral capitalista construida,
mucho tiempo es la que lleva extendida.
Cómo habría sido vivir en otra época,
cómo vivir, cómo sentir.
Una cosa, por desgracia, está clara:
el tiempo pasado no es el ahora.
El problema no es el contexto,
en cualquier época te encuentras gente
que se las da de rata.

Algún motivo tendré de estar aquí.
Mi alma sabia
en un momento pudo elegir.
Hoy me dejo cuidar,
otro día me permitiré ejercer mi vivir.

75. MIS SILENCIOS

Mis silencios
pueden significar muchas cosas:
inspiración,
asombro,
descubrimiento,
incomodidad,
emociones…
¡Pueden ser tantas!
Por suerte,
no hay buenos o malos,
pues pueden ser infinitos
los silencios.

76. MENTE DIVAGANDO

Hoy mi mente divaga,
ideas sueltas surgen en mi cabeza.
Proyectándolas, las ordeno,
intentando darles un sentido, un mensaje.
Estructurándolas, se me pasa el tiempo,
mientras otros cinco temas
me abordan en esta que es mi cabeza.
Introduzco uno nuevo,
intentando cuadrarlo en mi poema,
dándole a este un nuevo significado,
jugando con metáforas,
a ratos rimando,
pero siempre dejando a mi inconsciente
en catarsis.
Mientras, apartada y ausente,
mi consciencia observa atenta,
guiando y acompañando,
fluyendo y sintiendo,
liberando todas las cadenas
sustentadas por mitotes sociales,
para después crear nuevas vidas
dejándolas ir en un nuevo poema.

77. Mente perdida

Mente perdida,
difusa en paisajes,
te absorbe el mitote,
mientras pasan los años.

Mente perdida,
difusa en paisajes,
no reconoces
ni sitio ni persona,
te absorbe el mitote,
continúan los años.

Mente perdida,
difusa en paisajes,
frustrada irreconocible,
felicidad artificial,
no reconoces ni sitio ni persona,
te absorbe el mitote,
¿quedarán muchos años?

Un día despiertas:
atrofia emocional,
vacío en el pecho
y, para variar, un gran peso,
sobrecarga de parches.
¿Cuánto tardarás en sanarte la herida supurante?

¿Cuántos parches más permitirás que te opriman?
Lucha y fuerza,
¡vuelve a entrenar tu corazón!

78. ESTA FRÍA NOCHE

Ha quedado fría la noche.
Me hubiese apetecido entrar en calor,
acariciando tu pecho desnudo,
emanando todo ese vapor.

Quería sentirte,
darte cobijo,
acariciarte,
besarte,
con ese fulgor
de los primeros días:
desnudo,
descontrolado,
desinhibido.

Antes lo conocíamos,
antes lo necesitábamos.
Por suerte o por desgracia,
no sabemos necesitarnos,
ni tan solo querernos,
si más no, no en este momento.
Ardua es esta tarea de amar,
es por eso que acojo estas ganas
y las guardo en un cajón,
donde tengo todas las promesas,
todo lo que el viento al final se llevó.

Y bien conservado,
lo tengo a resguardo,
lo intenciono,
para que pueda suceder a algún día,
o se quede en un sucedido más,
esta vez, reprimido,
una vez más,
por el capitalismo postergado.

79. No cambiar a los demás

Hay cosas que se nos escapan,
psiques externas,
impenetrables barreras
que no te dejan,
se bloquean
al intentar penetrarlas.
Gente tóxica cargada de odio
que no sabe escuchar,
se limitan a veneno soltar,
escupir e insultar.
Hay cosas que se nos escapan.
Ya puedes tener un buen discurso
cargado de buena fe,
que con una barrera te puedes llegar a encontrar,
y una no es la que deberá hacerse cargo
de las frustraciones del otro,
me dijo una vez una buena amiga.
Qué arduo aprendizaje para alguien
que busca acompañar y sanar con los demás.
Pero así es la vida:
si alguien no quiere escuchar,
no soy quién para ponerla en otro lugar.

80. El tener útero

Útero frío,
tú que sangras demasiado poco.
Útero caliente,
tú que sangras demasiado,
déjate conocer
en tus cíclicas fases.
Pues si no concibes, tu cuerpo exiges,
un ritmo al que ni tú sanamente respondes,
hiperestrógenada,
con el estradiol por las nubes,
por la adrenalina,
tu progesterona no puede acompañar,
esa prostaglandina
que solo quiere ayudar,
a expulsar tejido endometrial.
Cólicos menstruales aparecen
por ese útero espástico,
la rigidez uterina,
mal conocidos como dolor de ovarios,
aunque realmente es tú útero
el que está gritando.
Este, al son de la contracción uterina,
parece atacar tú músculo (espástico).
Rígido y tenso,
siente como lo apuñalan,
mientras la sangre ya recorre por mi muslo.

Compañera menstruante,
no sabes cuán importante es conocerse.
Si no te estudias, te escuchas,
te observas, te respetas,
tu cuerpo no aceptará tu ciclicidad,
presentada como una maldición,
pues al conocerla y hacerse amiga,
pasa a ser un hermoso don.

81. ACTIVISTA MENSTRUAL

Y sí,
si tengo que definirme
bajo alguna etiqueta,
lo haré con la de activista menstrual,
pues menstruar es político.
Lo coseré en mi bandera negra
e iremos juntas en manada.
A nuestro paso
cada vez nos levantaremos más,
creando más cultura menstrual,
recuperando nuestro conocimiento corporal,
retomando el poder, la potencialidad,
el respeto a nuestros cuerpos
y por el autocuidado,
para a partir desde ese punto medio,
interseccional,
construirnos mucho en equidad,
para todas las personas,
para generar como deseamos,
siendo horizontales y coherentes
transigentes, empáticos,
para entender los ritmos propios
de cada una.

82. UNIVERSOS CARTOGRÁFICOS

Universos cartográficos
me sumergen en la mente,
mientras fluyo en catarsis.
Veo paisajes, montañas,
como pájara que divisa desde el cielo
un territorio.
Me imagino a la vez humana,
recorriendo a pie
zonas desérticas y rocosas
que se extienden a ambos lados del paisaje.
Y yo me siento chiquita,
mientras contemplo solo tres
de los diferentes planos que puedo percibir.
Qué lindo es proyectar,
crear espacios o sucedidos,
en los que una es exploradora
y vive una eterna aventura.

83. FUEGO PURIFICADOR

Fuego purificador
que todo lo quemas,
déjame que esta noche
te haga una ofrenda.
Por la mañana te intenciono,
a la noche me deshago,
compartirme contigo es un honor
en este acto psicomágico.

84. NO TOT SÓN FLORS I VIOLES

No tot són flors i violes
de vegades les coses no surten bé
però no hi ha cap problema.
És llavors quan em recordo
per si se m'oblida,
que cada fruit
té el seu temps
de maduració.
I encara que no tot fos com m'esperava,
va ser i no s'hi pot fer res,
més que deixar-lo anar
per agafar forces
i continuar endavant.

Índice

Sobre la autora

Carla Bautista Fernández (1998). Desde bien pequeña ha tenido una gran sensibilidad, empatía y creatividad, características reconocidas y atribuidas a las personas altamente sensibles, que tienden a ver la belleza en cada una de las dimensiones de la realidad de su caminar. Siempre le ha fascinado encontrar herramientas para pasar por las palabras todas esas emociones que nacen desde dentro, desordenadas, y que todos necesitamos transmutar para desenredar y evolucionar, acogiéndolas y transformándolas en unos nuevos procesos.

Ha participado y ha ganado certámenes literarios, además de haber adquirido el hábito de llevar consigo una libreta con la que ayudarse a proyectar y ordenar. Siempre le han fascinado la literatura y la poesía. Cuando leyó a Gioconda Belli empezó a reconocer la belleza y el amor que pueden transmitir la narrativa y la poesía, a través de la sutileza desarrollada para hablar de nuestro entorno.

Comenzó a escribir a los 16 años, después de tres libretas rebosantes de poemas que guardaba para sí. Luchando contra el síndrome de la impostora, se decidió a compartir su obra y dio el salto al vacío, lanzando su primer poemario, en el que se comparte al desnudo, por medio de todos los frutos que vienen generando su caminar.

www.ingramcontent.com/pod-product-compliance
Lightning Source LLC
LaVergne TN
LVHW020336200726
843507LV00012B/2392